BEI GRIN MACHT SICH IHR WISSEN BEZAHLT

- Wir veröffentlichen Ihre Hausarbeit,
  Bachelor- und Masterarbeit

- Ihr eigenes eBook und Buch -
  weltweit in allen wichtigen Shops

- Verdienen Sie an jedem Verkauf

Jetzt bei www.GRIN.com hochladen
und kostenlos publizieren

Bibliografische Information der Deutschen Nationalbibliothek:

Die Deutsche Bibliothek verzeichnet diese Publikation in der Deutschen National-
bibliografie; detaillierte bibliografische Daten sind im Internet über http://dnb.d-
nb.de/ abrufbar.

Impressum:

Copyright © 2018 GRIN Verlag
Druck und Bindung: Books on Demand GmbH, Norderstedt Germany
ISBN: 9783346012265

Dieses Buch bei GRIN:

https://www.grin.com/document/497459

Tobias Hollwege

Opposition der jungen Generation im Dritten Reich

GRIN Verlag

GRIN - Your knowledge has value

Der GRIN Verlag publiziert seit 1998 wissenschaftliche Arbeiten von Studenten, Hochschullehrern und anderen Akademikern als eBook und gedrucktes Buch. Die Verlagswebsite www.grin.com ist die ideale Plattform zur Veröffentlichung von Hausarbeiten, Abschlussarbeiten, wissenschaftlichen Aufsätzen, Dissertationen und Fachbüchern.

Besuchen Sie uns im Internet:

http://www.grin.com/

http://www.facebook.com/grincom

http://www.twitter.com/grin_com

S E M I N A R A R B E I T

aus dem Fach

Geschichte

Opposition der jungen Generation im Dritten Reich

Verfasser/in:	Tobias Hollwege
W-Seminar:	Widerstand während des Nationalsozialismus
Abgabetermin:	06.11.2018

Inhaltsverzeichnis

Abbildungsverzeichnis

Einband: Stufen abweichenden Verhaltens 1933-1945, entwickelt von dem Historiker

Detlev Peukert. In: Regenhardt, H.-O., Tatsch, C., Forum Geschichte, Bd. 4,

Cornelsen Verlag, Berlin 2003, S. 127

[entfernt]

Abb. 1: Lager der Bündischen Jugend in Berlin-Grunewald (1933).

Bundesarchiv, Bild 102-14642, Bild ohne Ang., Mai 1933

[entfernt]

Abb. 2: Nazi-Propaganda im Dritten Reich.

HJ-Bild (links): wissen-digital.de. Abgerufen am 1.10.2018 von

https://www.wissen- digital.de/Hitlerjugend

[entfernt]

BDM-Bild (Mitte): Abgerufen am 1.10.2018 von

https://www.pinterest.de/pin/ 327566572880849115/

[entfernt]

Deutscher Student-Bild (rechts): Abgerufen am 1.10.2018 von

https://www.pinterest.de/pin/528398968765155613/

[entfernt]

Abb. 3: Edelweißpiraten (links):

Edelweißpiraten aus dem Stadtteil Köln/Sülz aus dem Jahr 1943. Jean Jülich/

NS-Dokumentationszentrum Köln. Abgerufen am 1.10.2018 von https://www.

dubistanders.de/Fritz-Theilen/Wie-konnte-man-einen-Edelweisspiraten-erkennen

bzw. http://www.spiegel.de/einestages/jugend-in-nazi-deutschland-mit-

fahrtenmessern-gegen-den-fuehrer-a-948529.html

[entfernt]

Abzeichen der Edelweißpiraten (rechts):

Abgerufen am 1.10.2018 von https://dieedelweispiraten-de.webnode.com/

fotogalerie/#a440545-jpg1

[entfernt]

Abb. 4: Bartholomäus Schink (27.11.1927 - 10.11.1944).

Gedenkstätte Deutscher Widerstand. Abgerufen am 1.10.2018 von

https://www.gdw-berlin.de/vertiefung/biografien/personenverzeichnis/biografie/ view-

bio/bartholomaeus-schink/?no_cache=1 bzw.

Goeb, A. (1985) Er war sechzehn, als man ihn hängte. Klett Verlag, Stuttgart, S.6

[entfernt]

Abb. 5: Wandgraffiti an der Hinrichtungsstätte in Köln-Ehrenfeld (links):

Bild von Markoz vom 23.10.2013 (Urheber) mit freien Nutzungsrechten.

Hier wurden am 25.10.1944 elf vom NS-Regime zur Zwangsarbeit nach Deutschland verschleppte Bürger Polens und der UdSSR und am 10.11.1944 dreizehn Deutsche, unter ihnen jugendliche Edelweißpiraten aus Ehrenfeld so wie andere Kämpfer gegen Krieg und Terror, ohne Gerichtsurteil öffentlich durch Gestapo und SS gehenkt.

[entfernt]

Gedenktafel für Opfer des NS-Regimes (rechts):

Bild von Christoph Rückert (Urheber), mit freien Nutzungsrechten

[entfernt]

Abb. 6: Leipziger Meuten:

Die Brüder Wolfgang u. Rudolf Schieweg, Mitglieder der Meute Reeperbahn (links):
Flyer zur Buchvorstellung und Vortrag „Die Leipziger Meuten. Jugendopposition
im Nationalsozialismus" am 13.3.2012 von S. Lange, Passage Verlag, Leipzig;
Abgerufen am 1.10.2018 von https://www.conne-island.de/plakat/nr2739.html bzw.
„Kein Bock auf HJ". Die Leipziger Meuten. Stationsarbeit der Universität Leipzig.
Breitengraser, C., Hadenfeldt,J., Unrein, S., Zosgornik, N. (2016). Abgerufen am
1.10.2018 von https://oer.uni-leipzig.de/wp-content/files_mf/1488958761
Handreichung_Keinbock_neu.pdf

[entfernt]

Meyersdorfer Meute um 1943 aus dem Leipziger Südwesten (rechts):
Lange, S. Die Leipziger Meuten. Jugendopposition während der NS-Zeit.
Abgerufen am 1.10.2018 von https://leipzigermeuten.wordpress.com/geschichte/

[entfernt]

Abb. 7: Die Swing-Jugend beim Tanz.

planet-wissen.de. Abgerufen am 1.10.2018 von https://www.planet-wissen.de/
geschichte/nationalsozialismus/kindheit_im_zweiten_weltkrieg/
pwiedieswingjugend100.html

[entfernt]

Abb. 8: Diskriminierendes Plakat im Dritten Reich.

Plakat von Ziegler aus der Düsseldorfer Ausstellung von 1938, zusammengestellt von A. Dümling, Berlin. Abgerufen am 1.10.2018 von http://www.duemling.de/entartete-musik. Anlässlich der „Reichsmusiktage" vom 22.5.1938, dem 125ten Geburtstag Richard Wagners, in Düsseldorf, eröffnete Ziegler, Generalintendant des Deutschen Nationaltheaters Weimar, die Propaganda-Ausstellung „Entartete Musik". Als Vorbild diente ihm die Ausstellung „Entartete Kunst" in München, 1937

Abb. 9: Antisemitische Losung 1933 (links).

Brennende Synagoge in Essen, Pogromnacht 1938 (Mitte).

Postkarte zur Ausstellung „Der ewige Jude" 1938 (rechts).

Alle 3 Bilder aus: Scriba, A. (23.6.2015), Deutsches Historisches Museum, Berlin. Ausgrenzung und Verfolgung der jüdischen Bevölkerung. Abgerufen am 1.10.2018 von https://www.dhm.de/lemo/kapitel/ns-regime/ausgrenzung-und-verfolgung.html#

Abb. 10: Herbert Baum (10.2.1912 - 11.6.1942).

Gedenkstätte Deutscher Widerstand. Abgerufen am 1.10.2018 von https://www.gdw-berlin.de/vertiefung/biografien/personenverzeichnis/biografie/view-bio/herbert-baum/?no_cache=1

bzw. http://herbertbaumgroup.blogspot.com/

[entfernt]

Abb. 11: Ausstellungsplakat „Das Sowjet-Paradies" vom Mai/Juni 1942.

Badrnejad, K. Spiegel Geschichte Nr. 5, 2012, S. 90. Dieser Tod passt zu mir. Spiegel Verlag, Hamburg

[entfernt]

Abb. 12: Berliner Gedenkstein im Lustgarten (links):

Herbert-Baum-Memorial, Lustgarten Berlin, mit der Inschrift: „Unvergessen die mutigen Taten und die Standhaftigkeit der von dem Jungkommunisten Herbert Baum geleiteten antifachistischen Widerstandsgruppe", Bild von Seth Schoen, mit freien Nutzungsrechten. Abgerufen am 1.10.2018 von https://commons.wikimedia.org/wiki/file:Herbert_Baum_Memorial_2528670399.jpg

[entfernt]

Gedenktafel für Sala und Martin Kochmann, am Haus Gipsstr.3 in Berlin (rechts): Inschrift: „In diesem Hause wohnten Widerstandskämpfer der Gruppe Baum. Sala Kochmann von den Faschisten in Plötzensee am 18.8.1942 hingerichtet.

Martin Kochmann von den Faschisten im Sept. 1943 hingerichtet. Ihr Kampf ist auch unser Kampf!", Bild von OTFW, Berlin, mit freien Nutzungsrechten. Abgerufen am 1.10.2018 von https://www.buyimages.tk/filew/Gedenktafel_Gipsstr_3_ Martin_Kochmann.JPG

[entfernt]

Abkürzungsverzeichnis

BDM   Bund Deutscher Mädchen

BRD   Bundesrepublik Deutschland

dj.1.11 Deutsche Jungenschaft vom 01.11.1929

Gestapo   Geheime Staatspolizei

HJ   Hitlerjugend

KJVD   Kommunistischer Jugendverband Deutschlands

KPD   Kommunistische Partei Deutschlands

KZ   Konzentrationslager

Nazi(s)Nationalsozialist(en)

NKFD Nationalkomitee Freies Deutschland

NS   Nationalsozialistisch, Nationalsozialismus

NSDAP   Nationalsozialistische Deutsche Arbeiterpartei

SA   Sturmabteilung

SS   Schutzstaffel

USA   United States of America (Vereinigte Staaten von Amerika)

W-Seminar   Wissenschaftspropädeutisches Seminar

1. Vorwort

Widerstand gegen das Nationalsozialistische Regime (NS-Regime), im Deutschen Reich und in von der Wehrmacht besetzten Staaten, vor und während der Zeit des Nationalsozialismus, geleistet von Einzelpersonen, Gruppen bzw. Institutionen, erfolgte von ganz unterschiedlichen Menschen. Die Widerstandskämpfer hatten unterschiedliche Herkunft, weltanschauliche Prägung und Motivation. Der Widerstand formierte sich sowohl unkoordiniert in Einzelaktionen als auch professionell vorbereitet. Der Nationalsozialistische Staat (NS-Staat) verfolgte mit seinen Organen wie Geheime Staatspolizei (Gestapo), Abwehr und Sicherheitsdienst der Schutzstaffel (SS) innenpolitische Gegner und Widerstandsgruppen. Viele Widerstandskämpfer wurden inhaftiert, gefoltert und getötet. Schon vor der Machtübernahme der Nationalsozialisten entwickelte sich Widerstand durch verschiedenste Gruppen. In der Zeit des Nationalsozialismus selbst beschränkte sich dann der Widerstand, der immer mit Lebensgefahr verbunden war, auf kleine Minderheiten in der deutschen Bevölkerung. Die Motivationen für den Widerstand waren politisch, religiös sowie ethisch begründet.[1]

Viele Jugendgruppen, die aus der 1933 verbotenen bündischen Jugend entstanden, hatten ihre Wurzeln in der 1899 entstandenen Wandervogelbewegung.[2] 1913 wurden diese Jugendgruppen zur Freideutschen Jugend zusammengeschlossen. 1926 war jeder zweite deutsche Jugendliche Mitglied in einem Bund.[3] Ende der 20er Jahre änderte sich diese Art von Lebensform. Der Einzelne verlor an Bedeutung. Die uniformierte Masse stand immer mehr im Vordergrund. Im Dritten Reich wurden die bündischen Gruppen verboten.

Für die Freizeitgestaltung der Jugendlichen bedeutete dies, dass es als einzige Möglichkeit nur noch die NS-Jugendorganisationen gab. Dort sollte die nationalsozialistische Idee durch die Jugendlichen für die Zukunft gesichert und die Jugend ertüchtigt werden, um im Krieg als tatkräftige Soldaten zu dienen. Der Eintritt in die Hitlerjugend (HJ) erfolgte anfangs durch „freiwilligen Zwang", ab 1939 wurde sie per Jugenddienstpflichtverordnung zur Pflicht.[4] In dieser Verordnung, ein Werk Baldur von Schirachs, war alles bis ins Kleinste reglementiert.[5]

---

[1] Möller, L. (2013). Widerstand gegen den Nationalsozialismus von 1923 bis 1945. Marixwissen.   Marix Verlag, S. 13-18.
Steinbach, P., Tuchel, J. (1994). Lexikon des Widerstands 1933-1945. Reihe 1061. C.H.Beck, S. 205f.
Nürnberger, C. (2012). Mutige Menschen. Widerstand im Dritten Reich. Gabriel Verlag, S. 9-21
[2] Scriba, A. (6.9.2014). Die Wandervogelbewegung. Abgerufen am 10.7.2018 von
    https://www.dhm.de/lemo/kapitel/weimarer-republik/alltagsleben/wandervogelbewegung.html
[3] Lutteroth, J., Stambolis, B. (9.10.2013). Erster Freideutscher Jugendtag. Woodstock auf Wilhelminisch. Spiegel online.
    Abgerufen am 18.7.2018 von http://www.spiegel.de/einestages/erster-freideutscher-jugendtag-1913-maedchen-und-
    knaben-miteinander-a-951067.html.
Schweigmann-Greve, K. (20.12.2015). Die Bündische Jugend. Abgerufen am 14.12.2017 von
    https://www.globkult.de/geschichte/rezensionen/1062-die-buendische-jugend
[4] Posert, A. (2015). Zeitschrift: Totalitarismus und Demokratie, Nr. 13/2015, Freiwilligkeit und Verpflichtung – Widersprüche der
    nationalsozialistischen Jugendorganisationen in ihrer Entwicklung, Vandenhoeck & Ruprecht, Göttingen, S.195.
Führer, R., Kriegskinder, Kinder im Krieg. Wehrerziehung in der Hitlerjugend. Abgerufen am 10.7.2018 von
    https://www.volksbund.de/fileadmin/redaktion/BereichInfo/BereichPublikationen/Reihe_Allgemeine_Reihe/
    Erweiterungen/0180_Band_18/Band18_Internet_S41-48.pdf, S. 41-46
[5] Krajewski, A. (9.4.2018). Hitlerjugend (HJ). Abgerufen am 10.7.2018 von: www.zukunft-braucht-erinnerung.de/hitlerjugend-hj/.
Seidel, I. (12.6.2013), Widerstand und Verweigerung von Jugendlichen gegen den Nationalsozialismus,
    LaG-Magazin, Heft 6/2013, Agentur für Bildung – Geschichte, Politik und Medien e.V., Berlin, S. 6

Wer sich der Gleichschaltung widersetzte, wurde verfolgt und bestraft. Mädchen mussten dem Bund Deutscher Mädchen (BDM) beitreten.[6]

Der Widerstand bzw. die Opposition unangepasster Jugendlicher gegen das Dritte Reich war vielfältig und hatte unterschiedliche Motive bzw. Ursachen. Teilweise entwickelte er sich spontan. Ein Teil der Jugendlichen wünschte sich eine freiere Jugendkultur, andere lehnten den Staat aus ethischen, politischen oder religiösen Gründen ab. Der Widerstand äußerte sich beispielsweise durch zivilen Ungehorsam wie der Nichtteilnahme am HJ-Dienst, der Aufrechterhaltung traditioneller Gemeinschaften, der Ablehnung von NS-Normen und zum Teil durch aktiven Widerstand wie Sabotage oder Flugblattverteilung. Lenelotte Möller definiert und schränkt Widerstand im engeren Sinne, unter Berufung auf Forschungsergebnisse von Ian Kershaw[7], wie folgt ein: „Nicht zum Widerstand gehören demnach reine Abwehrversuche gegen nationalsozialistische Vereinnahmung [...]."[8] Die Jugendopposition wurde vom NS-Regime sehr ernst genommen, systematisch verfolgt und Minderjährige sogar mit dem Tode bestraft. Der in dieser Arbeit beschriebene jugendliche Widerstand ist im Vergleich zu dem erfolglosen Putsch am 20. Juli 1944 gegen die NS-Diktatur und der Widerstandsbewegung Weiße Rose weniger bekannt, war aber ein nicht unerheblicher Bestandteil des deutschen Widerstandes.[9]

---

[6] Kleinhans, B. (4.4.2018). Bund deutscher Mädel (BDM). Abgerufen am 11.7.2018 von:
   http://www.zukunft-braucht-erinnerung.de/bund-deutscher-maedel-bdm/
[7] Kershaw, I. (2006), Der NS-Staat. Geschichtsinterpretationen und Kontroversen im Überblick. Hamburg, S. 313
[8] Möller, L. (2013), S. 15
[9] Henze, P. (12. 7 2013). Jugend und jugendlicher Widerstand im Nationalsozialismus – Ein Einblick. Abgerufen am 14. 12 2017
   von http://lernen-aus-der-geschichte.de/Lernen-und-Lehren/content/11277

Im Folgenden werden einige oppositionelle Jugendgruppen näher betrachtet:[10]

1. Jugendliche mit bündischen Wurzeln: Hierzu zählt die Widerstandsgruppe der so genannten Edelweißpiraten.[11]

2. Widerstand aus der Arbeiterklasse: Die sogenannten Meuten waren Gruppen von Jugendlichen aus der Arbeiterklasse, vor allem aus der Stadt Leipzig. Sie lehnten die bürgerlichen Moral- und Ordnungsvorstellungen ab.[12]

3. Kultureller Widerstand: Dieser zeigte sich beispielsweise in der Swing-Jugend. Sie kamen aus großstädtisch-bürgerlichem Umfeld und hatten einen konträren Lebensstil.[13]

4. Jüdischer Widerstand: Er erfolgte u.a. durch die Herbert-Baum-Gruppe, zuerst gewaltfrei, später bei zunehmender Verfolgung auch gewaltsam.[14]

2. Widerstand der Bündischen Jugend: Die Edelweißpiraten

Edelweißpiraten waren informelle Gruppen deutscher Jugendlicher mit unangepasstem, teilweise oppositionellem Verhalten.[15] Ihre Zahl wird auf viele Hunderte[16] bis mehrere Tausende[17] geschätzt. Kurt Schilde sieht in den Edelweißpiraten „eine großstädtische Erscheinungsform, einer überwiegend als oppositionell anzusehenden Jugendsubkultur in den letzten Jahren der nationalsozialistischen Herrschaft" und bezeichnet diese als Widerstandskämpfer, nicht jedoch als Widerstandsbewegung.[18] Äußerlich erkennbar waren sie an ihrer Kleidung. Neben den Edelweißpiraten hatten einige Mitglieder der Widerstandsgruppe Weiße Rose ebenfalls einen bündischen Hintergrund und waren vor dem Verbot in der dj.1.11[19], aktiv. Ein Kontakt zwischen beiden Gruppen bestand jedoch nicht.[20] Des Weiteren engagierte sich beispielsweise der Hitlerattentäter Claus Schenk, Graf von Stauffenberg, in seiner Jugendzeit bei den bündisch geprägten Neupfadfindern.[21]

---

[10] Benz, W. (9.4.2005). Nationalsozialismus und Zweiter Weltkrieg. Jugend- und Studentenopposition. Abgerufen am 14.12.2017 von http://www.bpb.de/geschichte/nationalsozialismus/dossier-nationalsozialismus/39562/studentenopposition?p=all

[11] Schilde, K. (2007). Jugendopposition 1933-1945. Lukas Verlag, Berlin, S. 136-150

[12] Lange, S. (15.3.2012). Der vergessene Widerstand: Leipzigs Jugend gegen Hitler. Abgerufen am 12.7.2018 von https://blog.zeit.de/stoerungsmelder/2012/03/15/der-vergessene-widerstand-leipzigs-jugend-gegen-hitler_8255

[13] Stölzle, A., Trost, G. (29.5.2018). Kindheit im Zweiten Weltkrieg. Die Swing-Jugend. Abgerufen am 12.7.2018 von https://www.planet-wissen.de/geschichte/nationalsozialismus/kindheit_im_zweiten_weltkrieg/pwiedieswingjugend100.html

[14] Benz, W. (2014). Der deutsche Widerstand gegen Hitler. C.H.Beck, München, S. 45-51. Steinbach, P., Tuchel, J. (1994), S.20

[15] Schilde, K. (2007), S. 137

[16] Klönne, A. (2013). Jugendliche Opposition im „Dritten Reich". Landeszentrale für politische Bildung Thüringen. Abgerufen am 1.10.2018 von https://www.lzt-thueringen.de/files/ugendlicheopposition.pdf, S. 29

[17] Strauch, D. (2006). Ihr Mut war grenzenlos. Widerstand im Dritten Reich. Verlagsgruppe Beltz & Gelberg, Weinheim/Basel, S.122.
Kuffner, A. (20.11.2009), Jugend in Nazi-Deutschland. Mit Fahrtenmessern gegen den "Führer". Abgerufen am 14.12.2017 von http://www.spiegel.de/einestages/jugend-in-nazi-deutschland-mit-fahrtenmessern-gegen-den-fuehrer-a-948529.html

[18] Schilde, K. (2007), S. 148

[19] Ruether, M., Deutsche Jungenschaft 1.11 (dj.1.11.). Abgerufen am 12.7.2018 von https://jugend1918-1945.de/portal/jugend/thema.aspx?bereich=projekt&root=26635&id=5316&redir=

[20] Schilde, K. (2007), S. 146

[21] Nürnberger, C. (2012), Kap. Claus von Stauffenberg. Hochverrat aus Gewissensgründen, S. 48-74

2.1 Soziale Herkunft und Auftreten

Die „wilden Jugendgruppen" hatten Namen wie Harlem-Club, Navajos, Rotes-X und Edelweißpiraten, die größte Gruppe mit dem Schwerpunkt im Rhein-Ruhr-Gebiet.[22] Die Jungen und Mädchen im Alter von 14 bis 17 Jahren in gemeinsamen Cliquen hatten kein politisches Konzept und keine gemeinsame Organisation. Neben unangepasstem Verhalten und Kleidung, Durchführung gemeinsamer Fahrten, sang man Lieder mit regimekritischen Aussagen. Man wollte sich in seiner Freiheit nicht durch den Staat und die Gesellschaft einschränken lassen. Neben einem Edelweiß als Erkennungszeichen, trug man Manchesterhosen, Jacken mit vielen Reißverschlusstaschen, buntkarierte Hemden, weiße Kniestrümpfe, schwere Stiefel und ein Fahrtenmesser am Gürtel. Die Mädchen trugen oft weiße Blusen, blaue Röcke und weiße Söckchen.[23]

Der Namensteil „Piraten" leitet sich von den Kittelbachpiraten ab, einer bis 1933 bestehenden rechtsradikalen Gruppe in Düsseldorf. Die Vermengung der Begriffe „Edelweiß" und „Piraten" war daher anfänglich eine Provokation für diese Jugendlichen, erfolgte 1939 durch die Gestapo, wurde aber gegen Ende des Krieges als Selbstbezeichnung gewählt. Ein großer Teil der Jugendlichen war im Geiste der Arbeiterbewegung aufgewachsen bzw. erzogen worden.[24]

2.2 Der Edelweißpirat Bartholomäus Schink

Bartholomäus Schink wurde am 27.11.1927 in Köln geboren. Er stammte aus einer Arbeiterfamilie, wurde vom Vater streng antifaschistisch erzogen und machte nach der Volksschule eine Ausbildung zum Dachdecker. Er war HJ-Mitglied. Später lernte er die Edelweißpiraten und Hans Steinbrück, den Anführer der Ehrenfelder-Gruppe, kennen, die aktiv Widerstand gegen das Dritte Reich leisteten. Er schloss sich, genannt Barthel, den Edelweißpiraten an. In den Gruppen war es üblich sich nur beim Vornamen zu kennen und zu nennen, was ein Schutz bei Verhören war.[25] Motive für sein Handeln mögen neben seiner elterlichen Erziehung in der mutmaßlichen Kenntnis von Schlägen eines jüdischen Freundes der Familie durch einen SA-Mann während der Reichskristallnacht, die Tage später zu dessen Tod führten, liegen.[26] Der aktive Widerstand von Schink begann erst in der Ehrenfelder-Gruppe. Sie versteckten Zwangsarbeiter und Deserteure, verübten Dieb-stähle, um die Versteckten mit Lebensmitteln und Geld versorgen zu können.[27] Zudem verteilten Sie Flugblätter und versuchten andere auf ihre Seite zu holen. Sie sammelten Waffen und Sprengstoff, für Partisanenkämpfe. Befreundet war Schink mit einer Zwangsarbeiterin Wanja

---

[22] Strauch, D. (2006), S. 107. Schilde, K. (2007), S. 136-150. Möller, L. (2013), S. 147-149
[23] Goeb, A. (1985). Er war sechzehn, als man ihn hängte. Klett Verlag, Stuttgart, S. 5.
Koch, G. (2006), Edelweiß. Meine Jugend als Widerstandskämpferin. Rowohlt Taschenbuchverlag, Reinbek, S.89
[24] Schilde, K. (2007), S. 142
[25] Koch, G. (2006), S. 17
[26] Obert, M. (15.7.2004). Jean Jülich sieht sich doch nicht als Widerstandskämpfer. Frankfurter Rundschau. Abgerufen am 1.10.2018 von http://www.fr.de/politik/zeitgeschichte/zeitgeschichte/von-edelweisspiraten-jean-juelich-sieht-sich-doch-nicht-als-widerstandskaempfer-a-1199545
[27] Strauch, D. (2006), S. 125f.

aus der Ukraine und erfuhr von ihr von den unwürdigen Arbeitsbedingungen in den Arbeitslagern.[28] Am 10.11.1944 wurde Bartholomäus Schink öffentlich im Alter von 16 Jahren zusammen mit anderen in Köln erhängt.[29] Die Leichen der Erhängten blieben den ganzen Tag zur Abschreckung der Bevölkerung hängen.[30]

2.3 Ziele und Aktivitäten im Dritten Reich

Die Edelweißpiraten wurden vom NS-Regime als „verlottert", „sittlich verwahrlost" und „kriminell" bezeichnet.[31] Ihr Widerstand gegen das NS-Regime war anfangs die Durchführung verbotener Fahrten und Zeltlager. Ein HJ-Streifendienst kontrollierte ob Fahrtenerlaubnisscheine vorhanden waren, was die Edelweißpiraten missachteten. Man traf sich mit anderen Gruppen, zeltete zusammen und sang verbotene, bündische Lieder. Ein Zusammentreffen mit dem HJ-Streifendienst führte zu Konflikten und Verhaftungen. Nach 1941 erfolgten Verurteilungen wegen verbotener „Bündischer Umtriebe"[32]. Eine andere Form der Verweigerung war das Schwänzen des HJ-Dienstes oder ein provozierter Rausschmiss aus der HJ, was Schwierigkeiten in der Schule bzw. bei der Suche nach einer Lehrstelle zur Folge hatte. 1942 machten sie Flugblattaktionen mit Parolen wie:

„*Macht endlich Schluss mit der braunen Horde! / Wir kommen um in diesem Elend. / Diese Welt ist nicht mehr unsere Welt. / Wir müssen kämpfen für eine andere Welt, / wir kommen um in diesem Elend.*" bzw. „*So braun wie Scheiße, so braun ist Köln. /Wacht endlich auf!*"[33]

Die Flugblätter waren nicht unterzeichnet und enthielten auch umfunktionierte Parolen der Wehrmacht. Eine solche Parole findet sich in die Mauer einer Gefängniszelle eines Hauses in Köln, indem Edelweißpiraten inhaftiert, verhört und gefoltert wurden, eingraviert:

„*Kinder müssen kommen in den Krieg / Räder müssen rollen für den Sieg / Köpfe müssen rollen nach dem Krieg*" und direkt darunter „*Ihr könnt mich nicht, wenn ich nicht will!*".[34]

1943 entschlossen sich einige Edelweißpiraten aus dem Kölner Arbeiterstadtteil Ehrenfeld, der so genannten Ehrenfelder Gruppe, in die Illegalität zu gehen und Kontakt zur politischen Opposition aufzunehmen. Sie nahmen Verbindung mit der größten Kölner Widerstandsorganisation, dem Nationalkomitee Freies Deutschland (NKFD), auf.[35] Gebildet hatte sich die Ehrenfelder Gruppe um den geflohenen und untergetauchten Konzentrationslager (KZ)-Häftling Hans Steinbrink, genannt Bombenhans, da er im KZ

---

[28] Goeb, A. (1985), S. 40 mit Bild von Wanja
[29] Koch, G. (2006), S. 240. Goeb, A. (1985), S. 96-100
[30] Strauch., D. (2006), S. 130
[31] Fleermann, B., Jakobs, H. (2014). Die Edelweißpiraten. Mahn- und Gedenkstätte Düsseldorf.
    Abgerufen am 1.10.2018 von http://www.zakk.de/edelweisspiratenfestival/styled-6/index.html.
    Struck, B. (13.5.2015). Deutsches Historisches Museum, Berlin. Edelweißpiraten. Abgerufen am 1.10.2018 von
      https://www.dhm.de/lemo/kapitel/der-zweite-weltkrieg/widerstand-im-zweiten-weltkrieg/edelweisspiraten.html
[32] Klönne, A. (2013), S. 26
[33] Möller, L. (2013), S. 148. Koch, G. (2006), S. 97, S. 105
[34] Koch, G. (2006), S.98 und Bild links oben von S. 129
[35] Strauch, D. (2006), S. 124ff.

Buchenwald Bomben entschärfen musste.[36] Zu der Ehrenfelder Gruppe gehörten nun auch Bartholomäus Schink und dessen Freunde. Die ersten Aktivitäten der Gruppe bestanden darin, geflohene Zwangsarbeiter, Deserteure und Juden zu verstecken. Aus diesem Grunde verübten sie Diebstähle, um die Versteckten mit Lebensmittel und Geld zu versorgen. Später begann man Waffen zu sammeln, die man sich auf dem Schwarzmarkt besorgte und in einem Unterschlupf der Gruppe lagerte. Zu den bewaffneten Aktionen der Ehrenfelder Gruppe gehörten Anschläge auf Gestapo- und NS-Funktionäre.[37] Das NS-Regime verstärkte seine Kontroll- und Repressionsmaßnahmen in dem Maße, wie der jugendliche Widerstand zunahm und besonders als sich der Kriegsverlauf verschlechterte. Das NS-Regime bestrafte die oppositionellen Jugendlichen nach Verhaftung, Verhören, Folterung mit Fürsorgeerziehung, Gefängnis, Jugend-KZ und schreckte auch vor der Todesstrafe nicht zurück. Eine Versetzung zu einem Strafbataillon an der Kriegsfront, beispielsweise zum Räumen von Minenfeldern, kam einer Ermordung gleich.[38]

Als aktive Widerstandskämpfer der Edelweißgruppe seien einige namentlich aufgeführt:[39] Hans Steinbrück, genannt „Bombenhans", Bartholomäus Schink, genannt „Barthel",Gertrud Koch (geb. Kühlem), genannt „Mucki", Günther Schwarz, genannt „Büb" bzw. „Bube", Bruno Bachler, Jean Jülich bzw. Fritz Theilen.

Am 10.11.1944 wurden im Kölner Stadtteil Ehrenfeld 13 Edelweißpiraten erhängt, darunter der 16-jährige Bartholomäus Schink sowie Hans Steinbrück.[40] Die genaue Zahl der insgesamt ermordeten Edelweißpiraten ist unbekannt. Eine offizielle Anerkennung der Edelweißpiraten als Widerstandskämpfer erfolgte erst 2005.[41]

3. Widerstand aus der Arbeiterklasse: Die Meuten

Der diffamierend gemeinte Name Meute für Jugendgruppe entstammt dem nationalsozialistischen Sprachgebrauch.[42]

3.1 Soziale Herkunft und Entstehung

Die Meuten hatten wie die Edelweißpiraten oft einen bündischen Hintergrund. Sie waren sozialdemokratisch oder kommunistisch geprägte Jugendliche aus der Arbeiterklasse, meist aus Leipzig, aber teilweise auch aus anderen Städten wie Erfurt.[43] Ungefähr 500 rekrutierten sich aus verbotenen bzw. aufgelösten sozialistischen bzw. kommunistischen Jugendgruppen bzw. hatten Kontakt zur kommunistischen Widerstandsbewegung. Erste Meuten bildeten sich

---

[36] Koch, G. (2006), S. 235
[37] Strauch, D. (2006), S. 129
[38] Halak, M. (20.8.2018). Arbeitskreis Zukunft braucht Erinnerung, Berlin. Die Jugend des Dritten Reiches im Widerstand. Abgerufen am 1.10.2018 von https://www.zukunft-braucht-erinnerung.de/die-jugend-des-dritten-reiches-im-widerstand/
[39] Goeb, A. (1985). Koch, G. (2006), mehrere Bilder von Gertrud Kühlem S. 128ff.
[40] Möller, L. (2013), S. 148. Strauch, D. (2006), S. 130
[41] Koch, G. (2006), S.253
[42] Schilde, K. (2007), S. 147
[43] Lange, S. (15.3.2012). Benz, W. (2014), S. 47

um 1936.[44] Zu dieser Zeit waren bereits fast 100 Prozent der Gymnasiasten Mitglied in der Hitlerjugend, wobei die HJ-Pflicht erst ab 1939 erfolgte.[45]

3.2 Verschiedene Meuten-Gruppen und deren Auftreten

Die Namen der Cliquen hatten meist einen direkten Bezug zu den öffentlichen Plätzen, an denen sich die Gruppenmitglieder regelmäßig trafen. Zwischen 1937 und 1939 gab es in Leipzig bis zu 1500 Jugendliche, meist im Alter zwischen 14 und 18 Jahren, die Mitglied in einer Meute waren. Die Meuten waren männlich geprägt, aber ein Drittel bis ein Viertel waren gleichberechtigte Mädchen. Konflikte zwischen verschiedenen Cliquen gab es so gut wie keine. Von den etwa 20 namentlich bekannten Gruppen seien genannt:[46]

- „Hundestart" in Kleinzschocher, so wie der Alte Friedhof volkstümlich genannt wurde
- „Lille" in Reudnitz, nach dem Lilienplatz, dem ursprünglichen Namen des Bernhardiplatzes, mit jeweils etwa 40 Mitgliedern.
- „Connewitzer", die sich vor dem Kino Union-Theater Connewitz trafen.
- „Reeperbahn" in Lindenau, die mit bis zu 100 Mitgliedern größte Gruppe. Anders als andere Meuten traf sich die Gruppe in einem angemieteten Waschhaus in der Calvisiusstraße.

Ein beliebter Treffplatz für verschiedene Meuten war die Leipziger Kleinmesse bei dem Sportplatz zwischen Cottaweg und Frankfurter Straße.[47] Die Meuten kleideten sich unangepasst, zur Abgrenzung von der HJ - kurze Lederhosen, Totenkopfabzeichen, karierte Hemden und bunte bzw. rote Halstücher, um ihre linke Gesinnung nach außen zu zeigen - und wollten selbstbestimmt leben.[48]

3.3 Widerstand im Dritten Reich

Die Meuten „Reeperbahn", „Hundestart" und „Lille" waren teilweise politisch aktiv und leisteten aktiven Widerstand gegen das NS-Regime. Sie verteilten Streuzettel mit Losungen wie *„HJ verrecke"* oder *„Nieder mit Hitler"*. Die Meute „Reeperbahn" zerschlug noch vor der Einweihung die Fenster des Hermann-Göring-Heims der HJ, nahe dem Adolf-Hitler-Feld am späteren Standort des Leipziger Zentralstadions. Die „Connewitzer"-Meute attackierte die Schaukästen der Nationalsozialistischen Deutschen Arbeiterpartei (NSDAP) und HJ auf der damaligen Adolf-Hitler-Straße. Nach körperlichen Auseinandersetzungen mit HJ-lern, Verfolgung der Meuten, kamen viele der Jugendlichen in Jugendgefängnisse oder Erziehungsanstalten. Das Leipziger Jugendamt errichtete ein KZ-ähnliches „Jugendschulungslager" in Mittweida ein, in

[44] Schilde, K. (2007), S.147
[45] Lange, S. (15.3.2012)
[46] Ebd.
[47] Breitengraser, C. et al. (2016). „Kein Bock auf HJ".Die Leipziger Meuten. Stationsarbeit der Universität Leipzig. Abgerufen am 1.10.2018 https://oer.uni-leipzig.de/wp-content/files_mf/1488958761Handreichung_Keinbock_neu.pdf
[48] Lange S. (15.3.2012). Schilde, K. (2007), S. 147. Breitengraser, C. et al. (2016)

dem Mitglieder der Meuten mehrere Monate lang „erzogen" wurden. Im Sommer 1939 waren die Leipziger Meuten in ihrer bekannten Form weitgehend zerschlagen, wenngleich einige Meuten noch etwas länger existierten.[49]

4. Kultureller Widerstand: Die Swing-Jugend

Dieser kulturelle Widerstand äußerte sich durch das Hören amerikanisch-englischer Swing-Musik und Ausführen von Swing-Tanz. Der Begriff „Swing-Jugend" stammt vermutlich von den NS-Verfolgungsbehörden.[50] Die Swing-Kids sahen sich nicht als Teil des politischen Widerstands, erst nach ihrer Verfolgung agierten manche politisch.[51]

4.1 Soziale Herkunft

Die Mitglieder der Swing-Jugend stammten aus dem großstädtischen Milieu. Die Swing-Jugend war eine oppositionelle Jugendkultur in vielen deutschen Großstädten, besonders in Hamburg, Frankfurt und Berlin und nach 1938 auch in Österreich.[52] Die Jugendlichen kamen aus dem Mittelstand und dem gehobenen Bürgertum, Gymnasiasten aus wohlhabenden Familien, aber auch Lehrlinge und Schüler aus Arbeiterfamilien.[53]

4.2 Widerstand durch unangepasstes Auftreten

Sie orientierten sich nicht an bündischen Traditionen und hatten wenig Interesse an Politik. Die Swing-Jugend existierte Ende der dreißiger Jahre in den meisten westeuropäischen Ländern und in den Vereinigten Staaten von Amerika (USA).[54] Die Jugendlichen wollten ihre eigene Kultur haben, ihre Musik hören, dazu auf ihre Weise tanzen und das auch durch Kleidung nach außen hin deutlich machen. Sie hatten Interesse an Jazz-Musik und dem amerikanisch-englischen Lebensstil, hörten englische und amerikanische Schallplatten, gründeten Swing-Bands und veranstalteten Swing-Partys. Die Zugehörigkeit zu Swing-Kids-Cliquen zeigten sie durch das Tragen von Clubabzeichen.

Anfänglich wurden große Partys veranstaltet, beispielsweise Tanzfeste im Curio-Haus in Hamburg, an dem mehr als 500 Swing-Kids teilnahmen. Nach der Zunahme von Razzien ab 1940 fanden die Treffen in kleinerem Rahmen bzw. privat statt.[55] Ein beliebter Treff-punkt war auch das Tanzcafé Heinze gegenüber der U-Bahnstation St. Pauli, wo monatlich wechselnde internationale Kapellen gastierten. Der erhöht sitzende Schlagzeuger mit Blick Richtung Eingang spielte einen Trommelwirbel falls er SA-Leute auftauchen sah. Spontan wurde dann

[49] Lange, S. (15.3.2012)
[50] Struck, B. (5.8.2015). Deutsches Historisches Museum, Berlin. Lebendiges Museum Online. Widerstand im Nationalsozialismus. Jugendopposition. Abgerufen am 1.10.2018 von https://www.dhm.de/lemo/kapitel/ns-regime/widerstand-im-nationalsozialismus/jugendopposition.html
[51] Stölzle, A., Trost, G. (29.5.2018)
[52] Bock, K. (13.3.2004). Aufzeichnung auf Deutsch von Radio Praha. Swingmusik im Protektorat. Aufgerufen am 1.10.2018 von https://www.radio.cz/de/rubrik/geschichte/swingmusik-im-protektorat
[53] Halak, M. (20.8.2018)
[54] Strauch, D. (2006), S. 110
[55] Stölzle, A., Trost, G. (29.5.2018)

vom Swing in Walzer gewechselt.[56] Ein mitreißendes, lustvoll gesungenes Spottlied zeigt die politische Einstellung der Swing-Jugend:

„Wir sind nicht Juden, sind nicht Plutokraten[57], / doch die Nazis müssen trotzdem weg. / Aus uns da macht man keine Soldaten, / denn unsere Hymne ist der Tiger Rag."[58]

Die Kleidung der Swing-Jungen bestand aus extrem langen Jacketts mit großem Karomuster, weitgeschnittenen Hosen und einen nie aufgespannten Regenschirm, als eine Art Kultobjekt. Außerdem trugen sie längere Haare, die bis zum Hemdkragen reichten.[59] Man zeigte Mittel- und Zeigefinger geformt zum Victory-Zeichen[60] und begrüßte sich provokativ mit „Swing-Heil" anstatt „Sieg Heil" oder „Heil Hotler" anstatt „Heil Hitler", wobei ein Hotter ein Swing-Tänzer ist, und gab sich Spitznamen wie „Swing-Boy", „Swing-Girl" oder „Old-Hit-Boy".[61] Die Swing-Mädchen trugen Kleider oder lange Hosen, schminkten sich, benutzten Lippenstift und lackierten sich die Fingernägel. Das alles passte nicht in die Ideologie der Nationalsozialisten (Nazis).

Abbildung 8: Diskriminierendes Plakat im Dritten Reich

Swing war für die NS-Ideologen „jüdische Niggermusik" und deshalb verboten. Eine abwertende Benennung dieser Jugendlichen in Deutschland war „Tangobubi"[62] und „Schlurf"[63] in Österreich, mit welcher auch noch nach dem Krieg ein nachlässig gekleideter, langhaariger, fauler und arbeitsscheuer Jugendlicher assoziiert wird.[64] In den meisten Kaffees und Tanzlokalen war Swing tanzen verboten. Abbildung 8 zeigt ein diskriminierendes NS-Plakat, einen schwarzen saxophonspielenden Affen mit Judenstern. Dies sollte die Assoziation zu

[56] Brandt, D. (25.5.2014), Zeit Online. Jugend in der Nazi-Zeit: Swing-Tanzen statt HJ und BDM. Aufgerufen am 1.10.2018 von https://www.zeit.de/hamburg/2014-04/swing-kids-hamburg-erinnerungen-swing-boy
[57] Plutokratie: „Reichtumsherrschaft". Ein Kampfbegriff im Dritten Reich, gegen Großbritannien und USA gerichtet
[58] Strauch, D. (2006), S. 116
[59] Stölzle, A., Trost, G. (29.5.2018)
[60] Strauch, D. (2006), S. 113
[61] Stölzle, A., Trost, G. (29.5.2018)
[62] Bubi: lt. Duden: Koseform von Bub. (Salopp abwertend) Unreif wirkender junger oder jüngerer Mann
[63] Schlurf: lt. Duden: Österr. umgangsspr. veraltet für Halbstarker.
   Siehe auch: Vortrag von Lamprecht, W. (11.6.2012). Die „Hot-Koffer" der „Schlurfs": Die Wiener Jazz-Szene als subkulturelles Symbol für österreichische Wutbürger der Zwischenkriegszeit?
[64] Beyer, W., Ladurner, M. (2011). Im Swing gegen den Gleichschritt. Die Jugend, der Jazz und die Nazis. Residenz Verlag, A-Salzburg, S.18

„verjudeter" Musik durch den Judenstern und „Niggerjazz" durch die Hautfarbe des Saxophonspielers, sowie das Saxophon an sich, als klassisches Jazzinstrument, bewirken.[65]

4.3 Verhaftungswelle und deren Folge

Für die Nazis war die Swing-Jugend eine Provokation, weil hier gegen ihre Dogmen und ihr kleinbürgerliches Denken verstoßen wurde. Außerdem sahen sie durch die Existenz einer eigenständigen Jugendkultur ihr Erziehungsmonopol gefährdet. Die Folge war, dass eine harmlose Jugendmode rücksichtslos verfolgt und brutal bestraft wurde.[66] Ab 1940 nahmen die Verhaftungen zu. In der Folgezeit wurden über 300 Mitglieder der Swing-Jugend verhaftet. In einem Brief von Heinrich Himmler[67] an den Chef des Reichssicherheitshaupt-amtes schrieb dieser: „[...] jetzt (muss) aber das ganze Übel radikal ausgerottet werden. [...] Alle Rädelsführer, und zwar die Rädelsführer männlicher und weiblicher Art, unter den Lehrern diejenigen, die feindlich eingestellt sind und die Swing-Jugend unterstützen, sind in ein Konzentrationslager einzuweisen."[68] Sie kamen als „Schutzhäftlinge" ins Hamburger Gestapo-Gefängnis, ins Konzentrationslager Fuhlsbüttel und ins Jugendkonzentrations-lager Moringen.[69] Dort mussten sie besonders schwere Arbeiten verrichten. Dies hatte zur Folge, dass einige Swing-Jugendliche begannen, den Nationalsozialismus auch politisch abzulehnen. Sie fingen an, antifaschistische Flugblätter zu verteilen, wodurch sie mit dem Hamburger Teil der Weißen Rose in Kontakt kamen.[70]

5. Deutsch-jüdischer Widerstand am Beispiel der Herbert-Baum-Gruppe

5.1 Der geschürte Judenhass

Im Ersten Weltkrieg noch Mitbürger, als Soldaten für das Deutsche Reich kämpfend, mit Orden wie dem Eisernen Kreuz ausgezeichnet; doch dann kam spätestens 1933 nach der Machtübernahme Hitlers, geschürt durch NS-Propaganda, eine Aversion gegen Juden bzw. ein Judenhass auf. Die Juden wurden vom Mitbürger zum Volksfeind.

---

[65] Block, T. (13.4.2012). Die "Swing-Jugend" - Jugendliche Rebellion oder echter Widerstand? Abgerufen am 14.12.2017 von http://www.fvss.de/assets/media/jahresarbeiten/geschi/swing.pdf, S. 10
[66] Halak, M. (20.8.2018)
[67] Ein ranghoher NSDAP-Parteifunktionär, SS-Reichsführer, Chef der Deutschen Polizei, ab 1939 Reichskommissar, ab 1943 Reichsinnenminister und ab 1944 Befehlshaber des Ersatzheeres
[68] Zitat aus Brief Heinrich Himmlers an Reinhard Heydrich vom 26.1.1942, entnommen aus: Beyer, W., Ladurner, M. (2011), S.166f.
   Strauch, D. (2006), S. 116f.
[69] Struck, B. (5.8.2015)
[70] Block, T. (13.4.2012), S.17

Abbildung 9: Judenhass

**Antisemitische Losung 1933 (links). Brennende Synagoge in Essen, Pogromnacht
1938 (Mitte). Postkarte zur Ausstellung „Der ewige Jude" 1938 (rechts)**

Die in Abbildung 9 dargestellte Person als „Ewiger Jude" soll westlichen Kapitalismus und
sowjetischen Bolschewismus zugleich verkörpern. Eine antisemitische NS-Propaganda-schau
sollte vor der Bedrohung durch „jüdische Weltverschwörung" und „jüdischem Bolschewismus"
warnen. Die Wanderausstellung wurde in Wien und Berlin gezeigt.[71] Nach Ausgrenzung und
Diffamierung der Juden folgten Schikanen, Unterdrückung, Terrorisierung, Ghettoisierung,
Vertreibung und schließlich nach Deportation die Vernichtung der Juden. Ab 1941 mussten
Juden in Deutschland einen Judenstern tragen.[72]

5.2   Der Widerstandskämpfer Herbert Baum und seine Gruppe

Herbert Baum, geboren 1912 in Ostpreußen, aufgewachsen in Berlin, war ein deutsch-
jüdischer Widerstandskämpfer.[73] Bereits seit 1926 engagierte er sich in verschiedenen
linksgerichteten und jüdischen Jugendorganisationen, ab 1931 im Kommunistischen
Jugendverband Deutschlands (KJVD). 1928 wurde er Elektriker und bildete sich in
Abendkursen fort um Elektroingenieur werden zu können, was ihm jedoch 1935 als Jude
verwehrt wurde. Nach 1933 beteiligte sich Baum am Kampf der Kommunistischen Partei
Deutschlands (KPD) gegen den NS-Staat. Seine Eltern verließen um 1935 mit ihren   Kindern
Ruth und Max Deutschland. In dieser Zeit heiratete er Marianne Cohn, eine
Säuglingsschwester in einem jüdischen Kinderheim. Nach der „Reichskristallnacht" 1938
erließ die KPD die Weisung, sich von jüdischen Mitgliedern zu trennen. Ab 1940 war Herbert
Baum Zwangsarbeiter in den Elektromotorenwerken Siemens & Schuckert.[74]

---

[71] Scriba, A. (23.6.2015). Ausgrenzung und Verfolgung der jüdischen Bevölkerung. Abgerufen am 1.10.2018 von
    https://www.dhm.de/lemo/kapitel/ns-regime/ausgrenzung-und-verfolgung.html
[72] Strauch, D. (2006), S. 133. Schilde, K. (2007), S. 76
[73] Möller, L. (2013), S. 165-167. Benz, W. (2014), S. 49-51
[74] Badnejad, K. (25.9.2012). Spiegel Geschichte Nr. 5, 2012, S. 90-92. Dieser Tod passt zu mir. Bzw.:
    Spiegel Online. Abgerufen am 1.10.2018 von http://magazin.spiegel.de/EpubDelivery/spiegel/pdf/88536800.
    Strauch, D. (2006), S. 135-139

Zusammen mit seiner Frau Marianne und seinen Freunden, Sala und Martin Kochmann, begann er vorwiegend jüdische Jugendliche, viele im Alter von 11 bis 14 Jahren, um sich zu scharen. Diese waren meist aus der jüdischen Jugendbewegung, aus dem kommunistischen, sozialistischen oder links-zionistischen Spektrum.[75] Der Freundeskreis aus bis zu 100 Jugendlichen, pflegte intern politische Diskussionen und kulturelle Arbeit. Sie verfassten regimefeindlicher Parolen, Streuzettel und Flugschriften, die sich manchmal nur an ganz bestimmte Berufsgruppen, wie zum Beispiel Ärzte, richteten. In einem zweiseitigen Flugblatt „An die deutsche Ärzteschaft" vom März/April 1942 steht unter der Überschrift „Hitlers Sturz ist Deutschlands Rettung!":

„Soll Hitler wirklich Deutschlands Totengräber werden? Er darf es nicht werden. Fallt ihm gemeinsam mit den antifaschistischen Werktätigen in die Arme. Deutschland wird nicht zu Grunde gehen, wenn Hitler stürzt. Im Gegenteil! Millionen Deutsche werden vor dem Untergang bewahrt, sie werden gerettet."[76]

Die Flugschriften, manche verteilt, andere verschickt, wurden von mehreren Gruppenmitgliedern in Abstimmung verfasst, von Nichtjuden an ihren Arbeitsplätzen auf Schreibmaschinen heimlich abgeschrieben – nur Nichtjuden durften Schreibmaschinen benutzen - und im Keller der Wohnung Baum vervielfältigt. Ungewöhnlich war auch der extrem hohe Anteil von Mädchen und Frauen in dieser Gruppe. Ab 1941 unterstützte die Herbert-Baum-Gruppe jüdische Zwangsarbeiter und half Juden beim Untertauchen, um sie vor der Deportation zu bewahren.[77] Da für falsche Ausweispapiere, getarnte Quartiere, Versorgung Untergetauchter mit Lebensmitteln und Flugblätter Geld benötigt wurde, unternahm die Gruppe auch Kriminelles. Sogar eine jüdische Familie wurde bestohlen.[78]

5.3 Brandanschlag und das Ende der Widerstandsgruppe

Die Gruppe um Herbert Baum wurde vor allem durch einen Brandanschlag, den sie 1942 auf eine von der NSDAP veranstaltete, antikommunistische Propagandaausstellung „Das Sowjetparadies" am Berliner Lustgarten verübte, bekannt.

In der von Hunderttausenden besuchten Ausstellung wurden Bilder vom elenden Leben der Sowjetbürger, den Qualen in den Straflagern und der Kontrast zwischen den Arbeiterhütten und den Funktionärspalästen gezeigt. Die Überlegenheit des germanisch-deutschen Herrenmenschen sollte demonstriert und die Deutschen auf den Krieg gegen Russland

---

[75] Siehe hierzu: Schilde, K. (2007), S. 87: Jüdische Bünde wie der „Deutsch-jüdische Wanderbund Kameraden", die „Deutsch-jüdische Jugend", der sozialistisch-zionistische „Haschomer Hazair", der „Schwarze Haufen", „Habonim" oder der zionistische Jugendbund „Werkleute"
[76] Sperl, C. Widerstand gegen den Nationalsozialismus 1933–1945. Was konnten Sie tun? Propaganda-Ausstellung zerstören. Abgerufen am 1.10.2018 von https://www.was-konnten-sie-tun.de/themen/th/propaganda-ausstellung-zerstoe/.
Möller, L. (2013), S. 166
[77] Strauch, D. (2006), S. 141
[78] Ebd., S. 142f.

eingeschworen werden.[79] Neben Herbert Baum waren an dem Brandanschlag Werner Steinbrinck, Joachim Franke und zehn weitere Gruppenmitglieder beteiligt.[80] Der versuchte Brandanschlag endete jedoch nur in einer Verpuffung. Der Schaden blieb begrenzt. Innerhalb weniger Tage wurde ein Großteil der Gruppe verhaftet und über 20 Mitglieder später zum Tode verurteilt.[81] Herbert Baum starb am 11.6.1942 in der Haft. Ungeklärt ist, ob an den Folgen von Folter oder durch Suizid. Marianne Baum und Sala Kochmann wurden am 18.8.1942 im Gefängnis Plötzensee mit anderen Gruppenmitglieder hingerichtet.[82] Etwa 50 weitere Mitglieder der Gruppe erhielten langjährige Haftstrafen.[83] Der Nachruhm der Gruppe Herbert Baum war gering, gemessen an der Anteilnahme, die der akademische Protest der Weißen Rose schon früher gefunden hatte. Die Motive der jungen Arbeiter in Berlin waren jedoch in dem entscheidenden Punkt dieselben wie die der Studenten in München und Hamburg. Es ging ihnen um die Überwindung eines verbrecherischen Systems, das die Welt mit Krieg überzog im Namen einer Ideologie, die Rassenhass und Herrenmenschentum zum Dogma erhob.[84]

6. Nachwort

Der Widerstand Jugendlicher gegen den Nationalsozialismus war nur teilweise politisch oder ideologisch untermauert bzw. von ethischen oder religiösen Werten getragen. Manchmal entstand er spontan, vor allem aber wehrten sich die Jugendlichen gegen die immer stärker werdende Unterdrückung durch den nationalsozialistischen Staat. Deutlich erkennbar ist dies an der Tatsache, dass gerade nach Kriegsbeginn die Zahl der Jugendlichen in oppositionellen Gruppen anstieg. Ab diesem Zeitpunkt wurde das gesamte Leben der Jugendlichen von den Nationalsozialisten bis ins Kleinste reglementiert, so dass sie nahezu keinen Freiraum mehr für ihre Bedürfnisse hatten. Die Jugendlichen in den Jahren 1939 bis 1945 mussten nahtlos von der Kindheit in die Erwachsenenwelt übergehen. Das sogenannte Erwachsenwerden, die Pubertät, wurde von den Nazis außer Acht gelassen, die Wünsche und Bedürfnisse der Jugendlichen ignoriert. Dominierend war bei den Jungen wie auch bei den Mädchen die vollständige Vorbereitung auf den Kriegseinsatz. Ebenfalls darf die Spießigkeit des nationalsozialistischen Staates nicht übersehen werden. Alles was nicht in die Ideologie der Nazis passte, wurde verboten. Doch trotz immer härter werdenden Strafen konnten die Nazis nicht verhindern, dass, besonders mit zunehmender Kriegsdauer, der Jugendwiderstand immer mehr zunahm.

[79] Badrnejad, K. (25.9.2012), S. 90. Strauch, D. (2006), S. 144
[80] Strauch, D. (2006), S. 145
[81] Benz, W. (2014), S. 51
[82] Strauch, D. (2006), S. 147
[83] Badrnejad, K. (25.9.2012), S.92
[84] Diedrich, J. (2006). Jüdischer Widerstand im Nationalsozialismus. Grin Verlag, München, S.49-54

Interessant finde ich die Frage, warum der Widerstand dieser Jugendgruppen bis heute nur in geringem Maße oder gar nicht gewürdigt wird. Im Falle der Edelweißpiraten und speziell bei der „Ehrenfelder Gruppe" wurde ihr Widerstand lange Zeit ignoriert und kriminalisiert. So dauerte beispielsweise der Kampf um die Anerkennung von Bartholomäus Schink als Widerstandskämpfer Jahrzehnte.[85]

Ich denke, dass mehrere Gründe vorliegen. Zu einen tat man sich mit der Aufarbeitung der Verbrechen im Dritten Reich schwer, da es in der Nachkriegsgeneration der Deutschen in der Bundesrepublik Deutschland (BRD) noch etliche Nazis, mutmaßlich auch in Führungspositionen, gab. Zum anderen standen renommierte Widerstandskämpfer und Widerstandsbewegungen primär im Fokus, weniger die hier aufgezeigte jugendliche Opposition. Ein weiterer Grund dürfte die sozialistische bzw. kommunistische Gesinnung mancher jugendlicher Widerstandsgruppen sein, die in der westlich orientierten BRD, nicht in höchstem Ansehen stand. Einzelne Straftaten dieser jugendlichen Widerstandsgruppen, wenn auch meist aus Notwendigkeit, mit guter Absicht, oder teilweise jugendlicher Naivität, haben die spätere Anerkennung der jugendlichen Opposition sicher zusätzlich erschwert.

---

[85] Schilde, K., (2007), S. 140-141, 149-150

7. Literaturverzeichnis

7.1 Primärliteratur

Koch, G. (2006). Edelweiß. Meine Jugend als Widerstandskämpferin. Rowohlt Taschenbuch Verlag, Reinbek bei Hamburg

7.2 Sekundärliteratur

Benz, W. (2014), Der Deutsche Widerstand gegen Hitler. Verlag C.H.Beck, München

Beyer, W., Ladurner, M. (2011). Im Swing gegen den Gleichschritt. Die Jugend, der Jazz und die Nazis. Residenz Verlag, A-Salzburg

Goeb, A. (1985). Er war sechzehn, als man ihn hängte. Klett Verlag, Stuttgart.

Diedrich, J. (2006). Jüdischer Widerstand im Nationalsozialismus. Grin Verlag, München

Kershaw, I. (2006), Der NS-Staat. Geschichtsinterpretationen und Kontroversen im Überblick. Rowohlt Verlag, Reinbek bei Hamburg

Möller, L. (2013). Widerstand gegen den Nationalsozialismus von 1923 bis 1945. Marixwissen. Marix Verlag, Wiesbaden

Nürnberger, C. (2012). Mutige Menschen - Widerstand im Dritten Reich. Gabriel Verlag, Stuttgart/Wien

Posert, A. (2015). Zeitschrift: Totalitarismus und Demokratie, Nr. 13/2015, Freiwilligkeit und Verpflichtung –   Widersprüche der nationalsozialistischen Jugendorganisationen in ihrer Entwicklung, Vandenhoeck & Ruprecht, Göttingen

Raps, C., Hartleb, F. (2009). Punktlandung. Leitfaden zur Seminararbeit. Schroedel Verlag, Braunschweig

Schilde, K. (2007). Jugendopposition 1933-1945. Lukas Verlag, Berlin

Seidel, I. (12.6.2013), Widerstand und Verweigerung von Jugendlichen gegen den Nationalsozialismus, LaG-Magazin, Heft 6/2013, Agentur für Bildung – Geschichte, Politik und Medien e.V., Berlin

Steinbach, P., Tuchel, J. (1994). Lexikon des Widerstands 1933-1945. Becksche Reihe 1061. C.H. Beck Verlag, München

Strauch, D. (2006). Ihr Mut war grenzenlos. Widerstand im Dritten Reich. Gulliver 1086. Verlagsgruppe Beltz & Gelberg, Weinheim/Basel

8. Internetadressen

Badrnejad, K. (25.9.2012). Spiegel Geschichte Nr. 5, 2012, S. 90-92. Dieser Tod passt zu mir. bzw.: Spiegel Online vom 25.9.2012. Abgerufen am 1.10.2018 von http://magazin.spiegel.de/EpubDelivery/spiegel/pdf/88536800

Benz, W. (9.4.2005). Nationalsozialismus und Zweiter Weltkrieg. Jugend- und Studentenopposition. Abgerufen am 14.12.2017 von http://www.bpb.de/geschichte/nationalsozialismus/dossier-nationalsozialismus/ 39562/studentenopposition?p=all

Block, T. (13.4.2012). Die "Swing-Jugend" - Jugendliche Rebellion oder echter Widerstand? Abgerufen am 14.12.2017 von http://www.fvss.de/assets/media/jahresarbeiten/geschi/swing.pdf

Bock, K. (13.3.2004). Aufzeichnung auf Deutsch von Radio Praha. Swingmusik im Protektorat. Aufgerufen am 1.10.2018 von https://www.radio.cz/de/rubrik/ geschichte/swingmusik-im-protektorat

Brandt, D. (25.5.2014), Zeit Online. Jugend in der Nazi-Zeit: Swing-Tanzen statt HJ und BDM. Aufgerufen am 1.10.2018 von https://www.zeit.de/hamburg/2014-04/swing-kids-hamburg-erinnerungen-swing-boy

Breitengraser, C., Hadenfeldt, J., Unrein, S., Zosgornik, N. (2016). „Kein Bock auf HJ". Die Leipziger Meuten. Stationsarbeit der Universität Leipzig. Abgerufen am 1.10.2018 von https://oer.uni-leipzig.de/wp-content/files_mf/1488958761 Handreichung_Keinbock_neu.pdf

Fleermann, B., Jakobs, H. (2014). Die Edelweißpiraten. Mahn- und Gedenkstätte Düsseldorf. Abgerufen am 1.10.2018 von http://www.zakk.de/ edelweisspiratenfestival/styled-6/index.html

Führer, R., Kriegskinder, Kinder im Krieg. Wehrerziehung in der Hitlerjugend. Abgerufen am 10.7.2018 von https://www.volksbund.de/fileadmin/redaktion/ BereichInfo/BereichPublikationen/Reihe_Allgemeine_Reihe/Erweiterungen/ 0180_Band_18/Band18_Internet_S41-48.pdf

Halak, M. (20.8.2018). Online Portal: Arbeitskreis Zukunft braucht Erinnerung, Berlin. Die Jugend des Dritten Reiches im Widerstand. Abgerufen am 1.10.2018 von https://www.zukunft-braucht-erinnerung.de/die-jugend-des-dritten-reiches-im-widerstand/

Henze, P. (12.7.2013). Jugend und jugendlicher Widerstand im Nationalsozialismus – Ein Einblick. Abgerufen am 14.12.2017 von http://lernen-aus-der-   geschichte.de/Lernen-und-Lehren/content/11277

Krajewski, A. (9.4.2018). Hitlerjugend (HJ). Abgerufen am 10.7.2018 vonhttp://www.zukunft-braucht-erinnerung.de/hitlerjugend-hj/

Kleinhans, B. (4.4.2018). Bund deutscher Mädel (BDM). Abgerufen am 11.7.2018 von http://www.zukunft-braucht-erinnerung.de/bund-deutscher-maedel-bdm/

Klönne, A. (2013). Jugendliche Opposition im „Dritten Reich". Landeszentrale für politische Bildung Thüringen. Abgerufen am 1.10.2018 von https://www.lzt-thueringen.de/files/ugendlicheopposition.pdf

Kuffner, A. (20.11.2009). Jugend in Nazi-Deutschland. Mit Fahrtenmessern gegen den "Führer". Abgerufen am 14.12. 2017 von http://www.spiegel.de/einestages/jugend-in-nazi-deutschland-mit-fahrtenmessern-gegen-den-fuehrer-a-948529.html

Lamprecht, W. (11.6.2012). Die „Hot-Koffer" der „Schlurfs": Die Wiener Jazz-Szene als subkulturelles Symbol für österreichische Wutbürger der Zwischenkriegszeit? Vortrag an der Universität Paris Ouest Nanterre La Défense. Abgerufen am 1.10.2018 von https://www.researchgate.net/profile/Wolfgang_Lamprecht/ publication/228068766_Die_Hot-Koffer_der_Schlurfs_Die_Wiener_Jazz-Szene_ als_subkulturelles_ Symbol_fur_osterreichische_Wutburger_der_ Zwischen kriegszeit/links/0912f4feb437c0fa5d000000/Die-Hot-Koffer-der-Schlurfs-Die-Wiener-Jazz-Szene-als-subkulturelles-Symbol-fuer-oesterreichische-Wutbuerger-der Zwischenkriegszeit.pdf

Lutteroth, J., Stambolis, B. (9.10.2013). Erster Freideutscher Jugendtag. Woodstock auf Wilhelminisch. Spiegel online. Abgerufen am 18.7.2018 von http://www.spiegel.de/einestages/erster-freideutscher-jugendtag-1913-   maedchen-und-knaben-miteinander-a-951067.html

Lange, S. im Interview mit Baumgärtner, M. und Mechaussie, J. (15.3.2012). Der vergessene Widerstand: Leipzigs Jugend gegen Hitler. Abgerufen am 12.14.2017 von https://blog.zeit.de/stoerungsmelder/2012/ 03/15/der-vergessene-widerstand-leipzigs-jugend-gegen-hitler_8255

Obert, M. (15.7.2004). Jean Jülich sieht sich doch nicht als Widerstandskämpfer. Frankfurter Rundschau. Abgerufen am 1.10.2018 von http://www.fr.de/politik/zeitgeschichte/zeitgeschichte/von-edelweisspiraten-jean-juelich-sieht-sich-doch-nicht-als-widerstandskaempfer-a-1199545

Ruether, M., Deutsche Jungenschaft 1.11 (dj.1.11.). Abgerufen am 12.7.2018 von https://jugend1918-1945.de/portal/jugend/thema.aspx?bereich=projekt&root= 26635&id=5316&redir=

Schweigmann-Greve, K. (20.12.2015). Die Bündische Jugend. Abgerufen am 14.12.2017 von https://www.globkult.de/geschichte/rezensionen/1062-die-buendische-jugend

Scriba, A. (6.9.2014). Die Wandervogelbewegung. Abgerufen am 10.7.2018 von https://www.dhm.de/lemo/kapitel/weimarer-republik/alltagsleben/ wandervogelbewegung.html

Scriba, A. (23.6.2015). Ausgrenzung und Verfolgung der jüdischen Bevölkerung. Abgerufen am 1.10.2018 von https://www.dhm.de/lemo/kapitel/ns-regime/ausgrenzung-und-verfolgung.html

Sperl, C. Widerstand gegen den Nationalsozialismus 1933–1945. Was konnten Sie tun? Propaganda-Ausstellung zerstören. Abgerufen am 1.10.2018 von https://www.was-konnten-sie-tun.de/themen/th/propaganda-ausstellung-zerstoe/

Stölzle, A., Trost, G. (29.5.2018). ARD-planet wissen. Kindheit im Zweiten Weltkrieg. Die Swing-Jugend. Abgerufen am 12.7.2018 von https://www.planet-wissen.de/geschichte/nationalsozialismus/kindheit_im_zweiten_weltkrieg/pwiedieswingjugend100.html

Struck, B. (13.5.2015). Deutsches Historisches Museum, Berlin. Lebendiges Museum Online. Edelweißpiraten. Abgerufen am 1.10.2018 von https://www.dhm.de/lemo/kapitel/der-zweite-weltkrieg/widerstand-im-zweiten-weltkrieg/edelweisspiraten.html

Struck, B. (5.8.2015). Deutsches Historisches Museum, Berlin. Lebendiges Museum Online. Widerstand im Nationalsozialismus. Jugendopposition. Abgerufen am 1.10.2018 von https://www.dhm.de/lemo/kapitel/ns-regime/widerstand-im-nationalsozialismus/jugendopposition.html